Diversión y juegos

Despegue al campamento

Tiempo

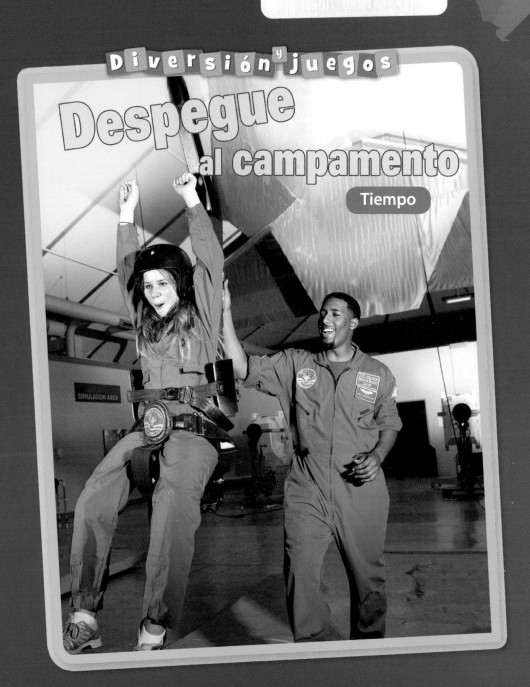

Chryste L. Berda

Créditos de publicación

Rachelle Cracchiolo, M.S.Ed., *Editora comercial*
Conni Medina, M.A.Ed., *Gerente editorial*
Dona Herweck Rice, *Realizadora de la serie*
Emily R. Smith, M.A.Ed., *Realizadora de la serie*
Diana Kenney, M.A.Ed., NBCT, *Directora de contenido*
June Kikuchi, *Directora de contenido*
Caroline Gasca, M.S.Ed., *Editora superior*
Stacy Monsman, M.A., *Editora*
Michelle Jovin, M.A., *Editora asociada*
Sam Morales, M.A., *Editor asociado*
Fabiola Sepúlveda, *Diseñadora gráfica*
Jill Malcolm, *Diseñadora gráfica básica*

Créditos de imágenes: portada, págs. 1, 2–3, 11, 13 (inferior), 15, 21, 26 (ambas) cortesía de Space Camp®; págs.4–5 Redsnapper/Alamy; pág.8 (superior) olgalngs/iStock; pág.10 Rosa Irene Betancourt 10/Alamy; págs.12–13 Andre Jenny Stock Connection Worldwide/Newscom; pág.16 David Lyons/Alamy; págs.17, 22, 24 Michael Doolittle/Alamy; págs.20 Joe Sohm/Visions of America/Newscom; pág.25 JeffG/Alamy; todas las demás imágenes de iStock y/o Shutterstock.

Library of Congress Cataloging-in-Publication Data

Names: Berda, Chryste L., author.
Title: Despegue al campamento : tiempo / Chryste L. Berda.
Other titles: Blast off to camp. Spanish
Description: Huntington Beach : Teacher Created Materials, 2018. | Series: Diversi?on y juegos | Includes index. | Audience: K to Grade 3. |
Identifiers: LCCN 2018007622 (print) | LCCN 2018012005 (ebook) | ISBN 9781425823337 (ebook) | ISBN 9781425828714 (pbk.)
Subjects: LCSH: Astronauts--Juvenile literature. | U.S. Space Camp (Huntsville, Ala.)--Juvenile literature. | Problem solving--Juvenile literature.
Classification: LCC TL793 (ebook) | LCC TL793 .B39818 2018 (print) | DDC 629.45--dc23
LC record available at https://lccn.loc.gov/2018007622

Teacher Created Materials
5301 Oceanus Drive
Huntington Beach, CA 92649-1030
www.tcmpub.com

ISBN 978-1-4258-2871-4
© 2019 Teacher Created Materials, Inc.
Printed in China
Nordica.072018.CA21800713

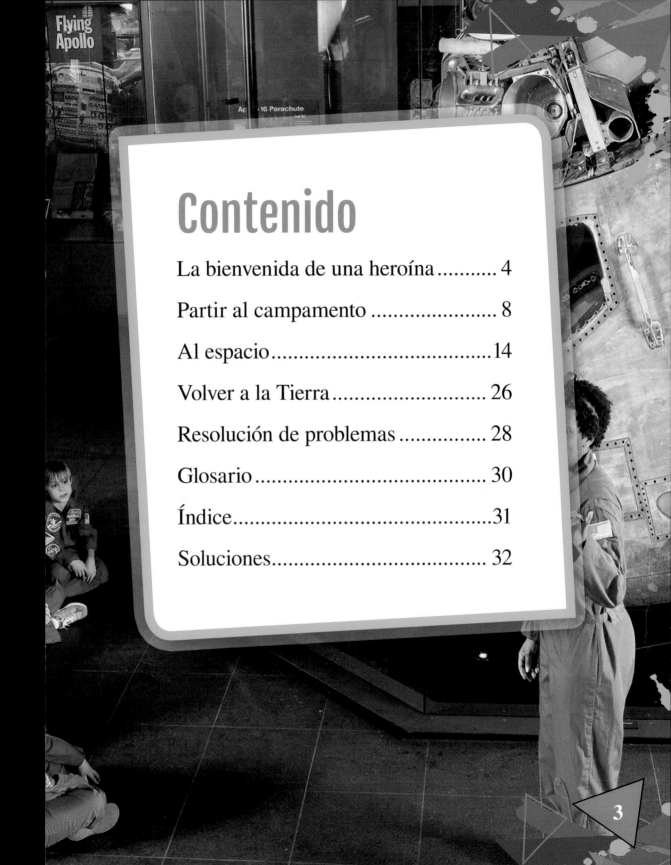

Contenido

La bienvenida de una heroína

Cruzo los dedos y casi me olvido de respirar. El presentador se acerca al micrófono. Aclara la garganta antes de hablar.

"La ganadora de la **Competencia** Científico del Futuro es... ¡Isabel!". Lo dice en voz alta, pero no puedo escucharlo. Me zumban los oídos.

Siento como si estuviera flotando, pero estoy caminando. Y luego, estoy en el escenario. ¡Gané el primer lugar! Mi familia aclama desde el costado del escenario. Mis amigos gritan y aplauden. Pero yo no veo nada. ¡Acabo de ganar un viaje soñado a Space Camp®!

Una multitud espera escuchar el ganador de la Competencia Científico del Futuro.

Cuando llego a casa, todavía no salgo de mi **asombro**. Ahora estoy un paso más cerca del sueño de ser astronauta. Pero estoy nerviosa por ese siguiente paso.

Para llegar al campamento, tengo que volar en avión sola. Nunca he dejado mi lugar de residencia en Oregón. Nunca me he alejado de mis padres por tanto tiempo. Pronto, iré a Alabama por una semana. Mi mamá me dice que soy valiente y me da su reloj. "¡El tiempo se irá volando!", me dice mientras pone su reloj en mi muñeca. Pero no estoy segura de estar lista para esto.

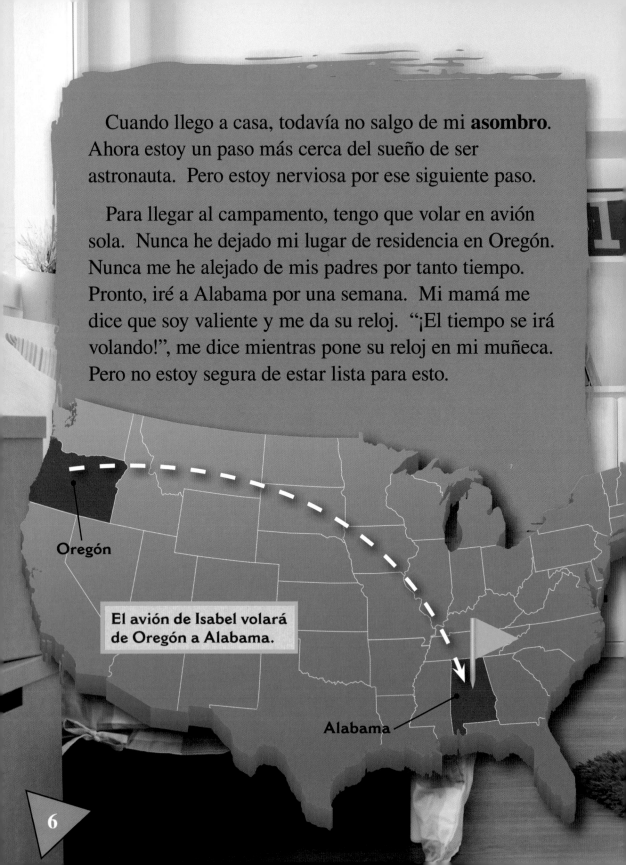

Oregón

El avión de Isabel volará de Oregón a Alabama.

Alabama

6

La mamá de Isabel la ayuda a empacar su maleta para Space Camp.

muchas personas en un aeropuerto

Partir al campamento

Me despido de mi familia en el aeropuerto. Mientras me alejo de ellos, miro hacia atrás. Saludo con la mano a mis padres una vez más. Luego, respiro profundo y sigo a la **azafata** hasta el avión. Como viajo sin mis padres, tengo un **acompañante**. Será un vuelo largo. Por suerte, tengo un asiento junto a la ventanilla con una vista increíble. Las Montañas Rocosas parecen surgir de la nada. ¡Son tan grandes! Parece como si pudiera estirarme y tocarlas. Justo cuando comienzo a dormirme, el avión aterriza. ¡Estoy a salvo! Es hora de empezar mi aventura.

Los relojes son importantes en los aeropuertos. Ayudan a que los aviones despeguen y aterricen seguros. Ayudan a los pasajeros a llegar y partir a la hora correcta. Estos relojes **digitales** muestran cuándo despegó, o partió, el avión de Isabel de Oregón y cuándo llegó a Alabama.

Partida	Llegada

1. ¿El vuelo de Isabel partió en la mañana o en la tarde? ¿Cómo lo sabes?

2. ¿El vuelo de Isabel llegó en la mañana o en la tarde? ¿Cómo lo sabes?

Un avión vuela por encima de las Montañas Rocosas.

Soy una de las últimas en llegar al campamento. Un hombre sonriente con un traje de vuelo me saluda. Me dice a qué equipo unirme. Cada equipo recibió un nombre espacial genial. Yo estoy en el equipo Marte. Así que, por supuesto, nos llamamos marcianos. Nos dan gorros rojos. Esto tiene sentido porque Marte es llamado el "planeta rojo".

Nuestro equipo va a una sala para escuchar un mensaje de bienvenida en vivo de los astronautas que están en la Estación Espacial Internacional (EEI). No puedo creerlo. ¡Puedo hablar con un astronauta de verdad!

APOLLO 16

POLLO 16
6 set records.
lunar landing at
et. Lunar

CREW
John W. Young

This spacecraft was the Command Module for the next to last lunar mission, Apollo 16. The Command Module is the only part of the huge Saturn V rocket that made the entire journey from launch to splash down. It survived 5000° temperatures upon reentry as evidenced by the charred heat shield. The crew named their Command Module Casper.

El piso de entrenamiento de la misión es donde se realizan muchas de las actividades de Space Camp.

Hay ocho marcianos en el equipo. Soy la única de mi edad. De hecho, todos los demás en el campamento tienen al menos dos años más que yo. Noto que los marcianos no creen que yo pueda superar el entrenamiento. Pero sé que puedo. Esta noche, iremos a nuestras habitaciones, a las que llamamos "Hab", para descansar. Hab es la abreviatura de **hábitat**. Los cuatro niños de nuestro equipo van al Hab 2. Las niñas van al Hab 1. El Hab 1 es una habitación blanca brillante con escaleras verdes y casilleros blancos. Veo una litera sobre los casilleros y rápidamente la hago mía.

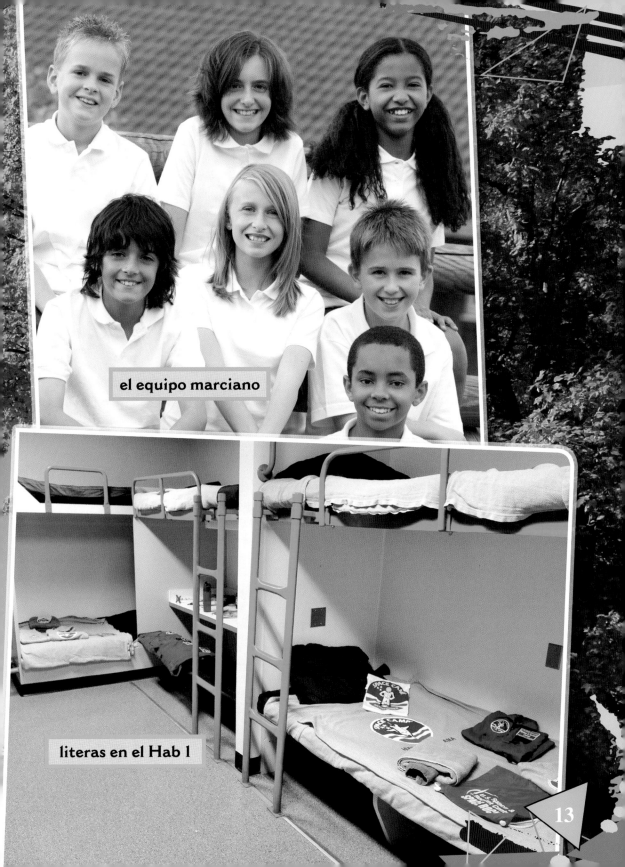

el equipo marciano

literas en el Hab 1

Al espacio

El primer día en el campamento está lleno de **desafíos** en equipo. Nuestro primer desafío es en la Sala Luna. El suelo de la Sala Luna es gris y blando, como el de la luna real. Cada paso de nuestra caminata espacial se siente como si camináramos sobre una cama. Nuestro desafío es hacer que un miembro del equipo cruce la luna lo más rápido posible. Para hacerlo, usamos una silla especial llamada silla de **gravedad**. Me amarran a la silla y comienzo a rebotar. ¡Siento como si no pesara nada! Con la ayuda de la silla, cruzo la sala corriendo. Soy la primera en cruzar. ¡Nuestro equipo gana!

La superficie de la luna es irregular.

Una estudiante en Space Camp salta en una silla de gravedad.

Nuestro próximo desafío es el entrenador multieje (MAT). Hace mucho tiempo, los astronautas usaban esta máquina para prepararse para sus vuelos. A veces, las **naves espaciales** se mueven sin control. Giran y se tambalean de regreso a la Tierra. El MAT ayuda a preparar a los astronautas para esa situación.

El MAT suena divertido, pero a mí me asusta. Estoy nerviosa mientras le toca el turno al resto de mi equipo. Luego, es mi turno. Me siento en el MAT y giro en todas las direcciones. Pero mantengo la calma. Antes de darme cuenta, la silla se detiene. ¡Lo logré!

Una niña está cabeza abajo en un entrenador multieje.

Un niño gira rápidamente en distintas direcciones en un entrenador multieje.

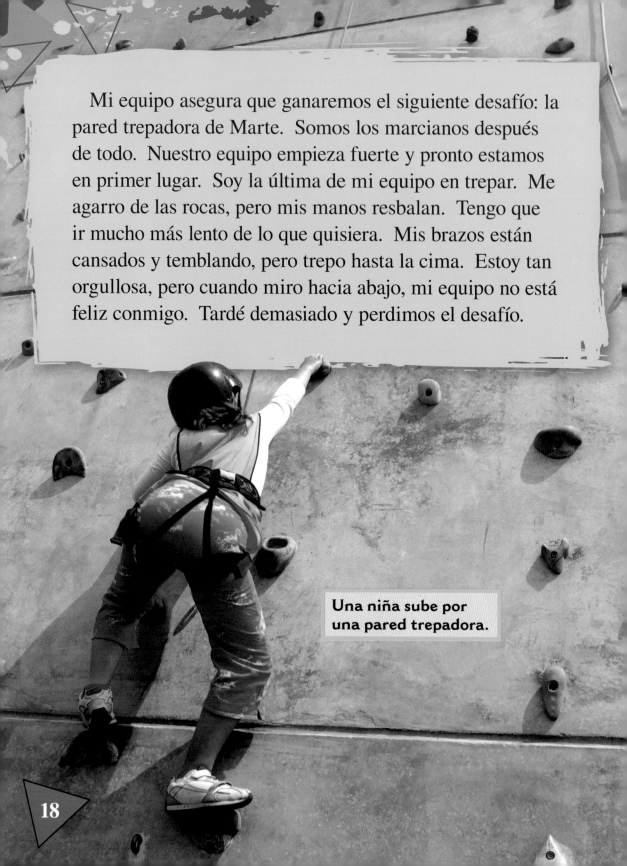

Mi equipo asegura que ganaremos el siguiente desafío: la pared trepadora de Marte. Somos los marcianos después de todo. Nuestro equipo empieza fuerte y pronto estamos en primer lugar. Soy la última de mi equipo en trepar. Me agarro de las rocas, pero mis manos resbalan. Tengo que ir mucho más lento de lo que quisiera. Mis brazos están cansados y temblando, pero trepo hasta la cima. Estoy tan orgullosa, pero cuando miro hacia abajo, mi equipo no está feliz conmigo. Tardé demasiado y perdimos el desafío.

Una niña sube por una pared trepadora.

El equipo de Isabel cree que tardó demasiado en trepar la pared. Usa el reloj para descubrir más sobre la subida de Isabel.

Hora de inicio de Isabel

1. ¿Cuál de las siguientes frases describe cuándo comenzó a trepar Isabel?

   A. un poco antes de la 1:00 p. m.

   B. un poco después de la 1:00 p. m.

   C. media hora pasada la 1:00 p. m.

2. Isabel terminó de trepar a la 1:15 p. m. ¿Cuál de las siguientes frases describe cómo se ve la manecilla de las horas cuando termina?

   A. Está señalando exactamente el mismo lugar que cuando Isabel comenzó a trepar.

   B. Está señalando exactamente el 1.

   C. Está señalando un poco después del 1.

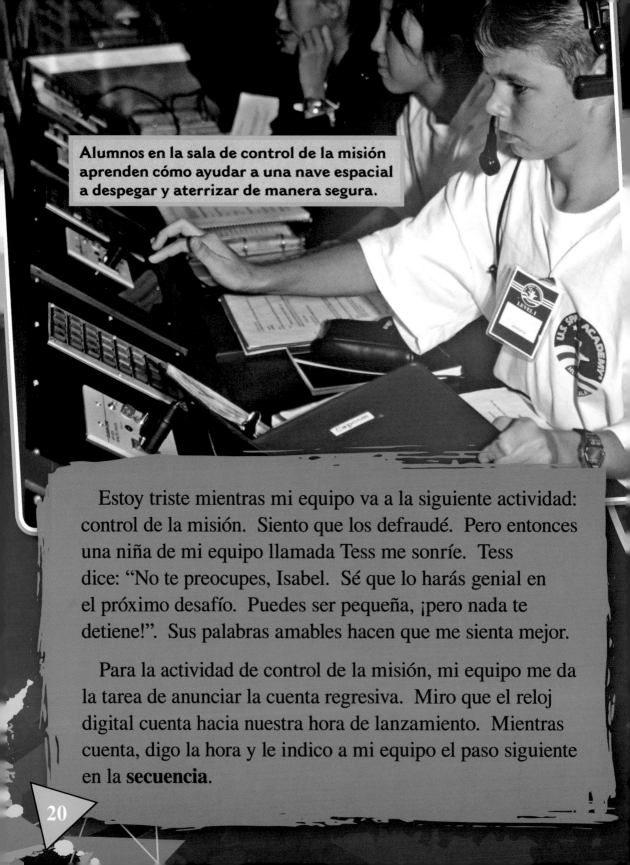

Alumnos en la sala de control de la misión aprenden cómo ayudar a una nave espacial a despegar y aterrizar de manera segura.

Estoy triste mientras mi equipo va a la siguiente actividad: control de la misión. Siento que los defraudé. Pero entonces una niña de mi equipo llamada Tess me sonríe. Tess dice: "No te preocupes, Isabel. Sé que lo harás genial en el próximo desafío. Puedes ser pequeña, ¡pero nada te detiene!". Sus palabras amables hacen que me sienta mejor.

Para la actividad de control de la misión, mi equipo me da la tarea de anunciar la cuenta regresiva. Miro que el reloj digital cuenta hacia nuestra hora de lanzamiento. Mientras cuenta, digo la hora y le indico a mi equipo el paso siguiente en la **secuencia**.

En Space Camp, los controladores de la misión usan auriculares con micrófonos para hablarse entre sí.

Estamos simulando que lanzamos una nave espacial. Pero estamos aprendiendo cómo se trabaja en equipo para hacer las cosas a tiempo. "T-menos 30 segundos, comenzar autosecuencia", le digo a mi equipo. Justo cuando termino de hablar, el reloj de lanzamiento se detiene. Abro lo ojos, me quedo congelada. Necesito idear un plan... ¡y rápido! El lanzamiento debe ocurrir a las 2:55 p. m. exactamente. Si no, fracasaremos. Miro alrededor de la sala, pero no veo ningún reloj. Entonces, recuerdo que llevo el reloj de mi mamá en la muñeca. ¡El lanzamiento está en curso otra vez! "Cinco... cuatro... tres... dos... uno, ¡hemos completado el despegue!".

Estudiantes en Space Camp hacen la cuenta regresiva para lanzar una nave espacial.

Si el lanzamiento no hubiera ocurrido a las 2:55 p. m. exactamente, el equipo de Isabel habría hecho fracasar la misión. ¡Por suerte, Isabel salvó a su equipo justo a tiempo!

1. ¿2:55 p. m. está más cerca de 2:00 p. m., 2:30 p. m. o 3:00 p. m.? ¿Cómo lo sabes?

2. Si Isabel usara un reloj **analógico**, ¿a qué número apuntaría la manecilla de los minutos a las 2:55 p. m.? Usa la esfera del reloj para ayudarte a responder.

   A. al 2
   B. al 5
   C. al 11

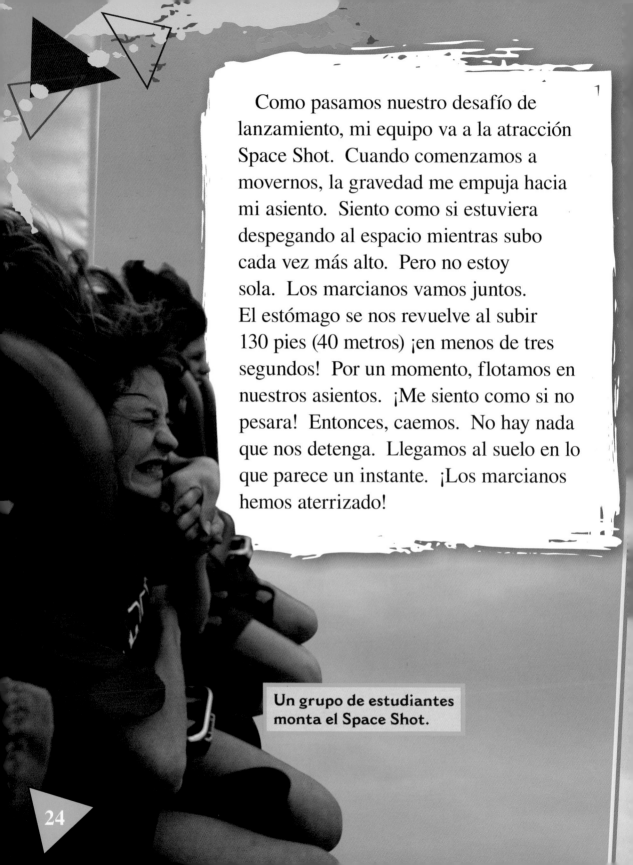

Como pasamos nuestro desafío de lanzamiento, mi equipo va a la atracción Space Shot. Cuando comenzamos a movernos, la gravedad me empuja hacia mi asiento. Siento como si estuviera despegando al espacio mientras subo cada vez más alto. Pero no estoy sola. Los marcianos vamos juntos. El estómago se nos revuelve al subir 130 pies (40 metros) ¡en menos de tres segundos! Por un momento, flotamos en nuestros asientos. ¡Me siento como si no pesara! Entonces, caemos. No hay nada que nos detenga. Llegamos al suelo en lo que parece un instante. ¡Los marcianos hemos aterrizado!

Un grupo de estudiantes monta el Space Shot.

el Space Shot

Volver a la Tierra

Cuando bajamos de la atracción, uno de mis compañeros marcianos me mira. "Guau, Isabel", dice Scott. "Estoy tan contento de que estés en mi equipo". Por el resto de la semana, los marcianos trabajamos juntos como equipo y nos hacemos buenos amigos.

He aprendido mucho de mi semana en Space Camp. Ahora sé que tengo lo que se necesita para ser astronauta. Pero la cosa más importante que aprendí es a no rendirme. Con mi rapidez para pensar y nuevos amigos a mi lado, ¡nada puede detenerme!

Un niño viste un traje espacial en Space Camp.

Dos estudiantes suben a un modelo de la EEI.

U.S. SPACE CAMP®

Staff & Trainees
Only Beyond
This Point

Not Open To
The Public

Resolución de problemas

Cada equipo en Space Camp almuerza a una determinada hora. Usa las pistas para identificar qué reloj muestra las horas en que comienza y termina el almuerzo de cada equipo. Luego, responde las preguntas: ¿Qué equipo comienza el almuerzo en la mañana, pero termina en la tarde? ¿Cómo lo sabes?

Pistas para las horas de comienzo

1. El equipo Mercurio comienza el almuerzo media hora pasadas las 11 en punto.

2. El equipo Venus comienza el almuerzo 10 minutos pasada la 1 en punto.

3. El equipo Marte comienza el almuerzo 10 minutos antes de las 12:30 p. m.

Pistas para las horas de fin

4. El equipo Mercurio termina el almuerzo a las 12:15 p. m.

5. El equipo Venus termina el almuerzo casi a las 2 en punto.

6. El equipo Marte termina el almuerzo apenas pasada la 1 en punto.

A.

Equipo _____

C.

Equipo _____

E.

Equipo _____

B.

Equipo _____

D.

Equipo _____

F.

Equipo _____

29

Glosario

acompañante: una persona que protege a otra

analógico: reloj con manecillas de horas y minutos para mostrar el horario

asombro: una sensación de sorpresa y temor

azafata: una empleada que sirve y ayuda a las personas

competencia: un concurso en el que las personas intentan ganar

desafíos: tareas difíciles de hacer

digitales: relojes con números en lugar de manecillas de horas y minutos

gravedad: una fuerza natural que hace que las cosas caigan a la Tierra

hábitat: el lugar donde viven los seres

naves espaciales: vehículos usados para viajar al espacio exterior

secuencia: el orden en que las cosas deben suceder

Índice

Soluciones

Exploremos las matemáticas

página 9:

1. En la mañana; la hora de partida está identificada como a. m.

2. En la tarde; la hora de llegada está identificada como p. m.

página 19:

1. A

2. C

página 23:

1. 3:00 p. m.; 2:55 p. m. está a 5 minutos de 3:00 p. m., a 25 minutos de 2:30 p. m. y a 55 minutos de 2:00 p. m.

2. C

Resolución de problemas

El equipo Mercurio; las respuestas variarán, pero pueden incluir que comenzaron el almuerzo a las 11:30 a. m., pero terminaron el almuerzo a las 12:15 p. m. Como *a. m.* es en la mañana y *p. m.* es en la tarde, comenzaron en la mañana y terminaron en la tarde.

1. A

2. E

3. C

4. B

5. F

6. D